NOTES
I WROTE
ALONG THE WAY

MATTHEW GUTIERREZ

www.ten16press.com - Waukesha, WI

For information, please contact:

www.ten16press.com
Waukesha, WI

Translated by Yamilka Hernandez (yher84@gmail.com)
Cover artwork by Hannah P Ribbons (Instagram: @thebraveokay)
Cover design by Kaeley Dunteman

At a young age I discovered a small, yet useful talent, and once I opened the gate, that talent entered my life and made itself at home. There have been times that I have picked up a pen and paper, without purpose, and wrote the lines or words that were floating in my mind.

I never set sail on a journey to become a poet. I have never sought out the wisdom of a poet laureate, or positioned myself between this life and the next, in hopes of channeling the mind of Robert Lowell or Walt Whitman. On the contrary, I simply pick up a pen, draw forth some paper and I do what seems to be God given and natural. I just write, with every ounce of emotional passion.

/ / / / /

A una temprana edad descubrí un pequeño, pero útil talento, y al abrir el portón, ese talento entró en mi vida y se hizo en casa. Ha habido momentos que he recogido un bolígrafo y papel, sin propósito, y he escrito los versos o palabras que estaban flotando en mi mente.

Nunca zarpé en un viaje a convertirme en poeta. Nunca he buscado la sabiduría de un poeta laureado, ni ponerme en posición entre esta vida y la próxima, con esperanzas de canalizar la mente de Robert Lowell o Walt Whitman. A lo contrario, simplemente sostengo un bolígrafo, saco algo de papel y hago lo que me es natural y un don de dios. Solo escribo, con cada onza de pasión emocional.

QUESTIONABLE

I thought about all the things,
that had come and gone.
she was a blur
a burst of energy, without an explosion.

she questioned me
as if there were doubts
of reality and what was necessary.

a distant memory behind a closed door
a fond farewell to an image
that she painted with a biased brush.

a youthful expression, madness in her thoughts
all is well, and all is finished.

her mind has shifted
summer gave way to a familiar chill
a forgotten friend
on the road to a poisoned end.

CUESTIONABLE

Pensé sobre todas las cosas,
que van y vienen,
fue borrosa,
un estallido de energía, sin explosión.

me cuestionó
como si hubiese dudas
de la realidad y lo que era necesario.

una memoria distante detrás de una puerta cerrada
un adiós cariñoso a una imagen
que ella pintó con una cepillo de pintar sesgado.

una expresión juvenil, locura en sus pensamientos
todo bien, y todo terminado.

su mente desplazada
el verano dio paso a un frío familiar
un amigo olvidado
en camino a un fin envenenado.

CHANGE OF HEART

There will come a glorious morning
when she will arise, observe the meaning
behind the change in her frame of mind.

clarity provided her with an understanding,
as life shifted through the dark hours
images based on walking through a screen door
steps on a routine concrete path, will become no more.

there is no moral lesson to be learned
the rainbow refused to play after a wild rain
simplicity at its worst
loneliness grows anew.

her feet bare and purse in hand
she fled, destination freedom
what is old and unnecessary
in her rear-view mirror.

a goodbye never given
perhaps never owed
a new life awaits, something perfect
and far from a substitute home.

CAMBIO DE CORAZÓN

Llegará una mañana gloriosa
cuando ella se levantara, observara la significancia
del cambio en su estado de pensar.

la claridad le proporcionó un entendimiento,
la vida desplazo por horas oscuras
imágenes basadas al caminar por una puerta de tela metálica
pasos en un camino concreto de rutina, no más será.

no hay moraleja que aprender
el arcoíris rechazó jugar después de una lluvia salvaje
simplicidad en su peor momento
la soledad creciendo de nuevo.

sus pies descalzos y cartera en mano
huyo, destino a la libertad
lo que es viejo e innecesario
en su espejo retrovisor.

un adiós sin dar
sin ser debido
una nueva vida la espera, algo perfecto
y lejos de un hogar sustituto.

LUSTFUL BIOLOGY

I adore you in several formations of the word
as the moon adores the mid-day sun
dancing with the summer breeze.

I long to be near you
in the same manner that stars
long for winter's never-ending nights.

I am but a puppet, in a pre-designed play
Center-stage, directions in hand
you are Cleopatra to my Caesar.

a lustful gathering
let me run my fingers through your dark hair
your softened lips speak to me, touch me.

moisture in places that I plan to conquer
my hand, may it run free over your dark body
push into me, press harder, and then pull back.

interior versus exterior
forces that fit like puzzle pieces, longer and wider
a waterfall of lust rushes over me.

touch of dark red, nature and biology
a fountain of mystery
she is purity, warm and seductive.

BIOLOGIA LIBIDINOSA

Te adoro en varias formaciones de la palabra
al igual que la luna adora al sol del mediodía
bailando con la brisa del verano.

Anhelo está cerca de ti
de la misma manera que empieza
larga al igual que las noches sin fin del invierno.

Soy más que una marioneta, en una obra pre-designada
Escenario-central, instrucciones en mano
eres la Cleopatra a mi Cesar.

una reunión libidinosa
déjame pasar mis dedos por u cabello oscuro
tus labios suavizados me hablan, me tocan.

humedad en lugares que planeo conquistar
mi mano, que corra libre sobre tu cuerpo oscuro
empujame, presiona duro, y después retrocede.

interior contra exterior
fuerzas que se ajustan como un rompecabezas, largas y anchas
una cascada de lujuria corre sobre mí.

toque de rojo oscuro, naturaleza y biología
una fuente de misterio
ella es pureza, cálida y seductora.

APPROACHING MADNESS

I've gone back
darkness, questions, insecurities
assessing the situation
is deadly to my way of life.

dreams I once held so briefly
a tunnel of what if's
and what might have been's
desires dropped
abandoned on the side of the road.

passion unfolded, left unfulfilled
two sides to a world of possibilities
infinities and captured queens
checkmate.

she declared victory
over a game played by two
in the end her eyes gave permission
to fall apart and seek out madness.

ACERCARSE A LA LOCURA

He regresado
oscuridad, preguntas, inseguridades
evaluando la situación
es mortal a mi forma de vivir.

sueños que una vez sostuve tan brevemente
un túnel de qué pasa si
y lo que pudo haber sido
deseos caídos
abandonados al lado de la carretera.

pasión desplegada, sin cumplir
dos lados de un mundo lleno de posibilidades
infinitos y reinas capturadas
jaque mate.

ella declaro la Victoria
sobre un juego jugado por dos
al fin sus ojos dieron permiso
de desmoronarse y buscar la locura.

SEEKING BETTER

Time stood still
emotions spilled on the floor
ignorance and tolerance twisting together.

she lost control, and I was drained
forgiveness slowly slipped through our fingers
blank stares and violent screams.

silence hidden behind broken glass and mangled dreams
how does life bring about such change?
where does sensibility linger?

she carried a torch for something grander
a life without preplanned laughter
a life worth painting on a subway wall.

BUSCANDO MEJOR

El tiempo se detuvo
emociones derramadas en el piso
ignorancia y tolerancia girando juntas.

ella perdió control, y yo estuve agotado
el perdón se deslizó lentamente por nuestros dedos
miradas en blanco y gritos violentos.

el silencio escondido detrás de vidrio roto y sueños destrozados
¿como la vida trae tal cambio?
¿donde perdura la sensibilidad?

ella llevaba una antorcha para algo más grandioso
una vida sin risas pre planificadas
una vida que vale la pena pintar en una pared del metro.

UNIVERSAL CONTROL

There are moments that define us
and provide clarity, in the same manner
a broken window provides sunlight to a dying fern.

birds gather up forgotten expectations
and carry them to safety
high in a pine tree, a mother feeds her future.

a gust of wind propels thoughts over restless waters
the ocean is home
cleanse we shall, and burdens be washed.

untamed rocks provide safety to seagulls
while stabbing fishermen in the back
as boats brace for impact.

One thing we can all agree, nature is free
dust settles as fog falls into view
a soul searches through hidden canals, and rivers that flow
whispers from strangers that once walked this path
they too, searched for shelter, from a short-tempered universe.

CONTROL UNIVERSAL

Hay momentos que nos definen
y proporcionan claridad, en la misma manera
una ventana rota proporciona luz solar a un helecho moribundo.

los pájaros reúnen expectaciones olvidadas
y las llevan a un lugar seguro
a lo alto de un pino, una mamá alimenta su futuro.

una ráfaga de viento impulsa los pensamientos sobre aguas inquietas
el océano es hogar,
purifica, y las cargas son lavadas

rocas indómitas brindan seguridad a las gaviotas,
mientras apuñalan a los pescadores en la espalda
al igual que los barcos se preparan para el impacto.

En algo estamos de acuerdo, la naturaleza es libre
el polvo se asienta cuando la niebla cae a la vista
un alma busca a través de canales ocultos y ríos que fluyen
susurros de extranjeros que una vez caminaron por este camino
también ellos, buscaron refugio, de un universo de mal genio.

PERMANENT HOME

I am here again
I have sunken back to this place
my feet in the water as lights flicker
a shadow plays on the wall.

it is I, the other half of me that is free and full of life
it awaits me, as I attempt to climb out of this hole
this self-made dungeon of despair and self-pity
welcome, you are a guest in my temporary home
don't mind the walls, they are dirty and dingy
but they match the color of my mood.

I have NOT unpacked my bags,
I am NOT prepared to stay long
in no time, I will be called back on the first train to normalcy
this piece of me is an illusion, yet very real, touch my hand
feel the chill running up and down my spine
goosebumps have developed.

I am starting to feel the walls inch closer to my body
this space is getting tight
panic I say, breathe faster
admittance, I fear this hole may become permanent
I'm ready to relocate, I wish not to stay any longer
but that decision is not completely mine.

there is no magical key, or exit illuminating a dark corner
this is mentally designed and structured beyond the human eye
the Welcome Home mat is clean, my bed is freshly made
a table set for two: myself, and loneliness
a repetitive date, same time, a different day.

I need to escape
find a hidden rabbit hole that will lead me to the top
where the sun awaits me, and friendly faces seek me
but they may have to wait
this place seems inescapable, and locked down for the winter
please remove my picture from the wall,
as I fill in my visitation name-tag
that may be wishful thinking at best.

life has a mind of its own
and a plan it wishes not to share.

HOGAR PERMANENTE

Estoy aquí de nuevo
me he hundido de vuelta a este lugar
mis pies en el agua mientras luces parpadean
una sombra juega en la pared.

soy yo, la otra mitad de mí que es libre y lleno de vida
el me espera, mientras intento salir de este agujero
esta mazmorra de desesperación y autocompasión
bienvenido, eres un invitado en mi hogar temporáneo
no le des importancia a las paredes, están sucias y lúgubres
pero coinciden con el color de mi estado de ánimo.

NO he desempacado mis maletas,
NO estoy preparado para quedarme mucho tiempo
al instante, se me llamara al primer tren hacia la normalidad
este pedazo de mi es una ilusión, pero muy real, toca mi mano
siente el escalofrío corriendo por mi columna vertebral
la piel de gallina se ha desarrollado.

Estoy empezando a sentir las paredes acercarse a mi cuerpo
este espacio se aprieta
pánico digo, respiro rápidamente
admitancia, me temo que este agujero puede volverse permanente
estoy listo para trasladarme, deseo no quedarme más tiempo
pero esa decisión no es completamente mía.

no hay una llave mágica, o salida iluminando una esquina oscura
esto está mentalmente diseñado y estructurado más allá del ojo humano
la alfombra de bienvenida a casa está limpia, mi cama está recién hecha
una mesa puesta para dos, yo y la soledad
una cita repetitiva, misma hora, diferente día.

Necesito escapar
encontrar una madriguera de conejo escondida que me llevara a la cima
donde el sol me espera, y caras amistosas me buscan
pero pueden tener que esperar
este lugar parece ineludible, y encerrado por causa del invierno
por favor quita mi foto de la pared,
mientras completo mi etiqueta de nombre de visita
eso puede ser una ilusión en el mejor de los casos.

la vida tiene una mente propia
y un plan que no desea compartir.

BACKWARDS LOOKING

In a flash of understanding
I wrestled with the idea of forgiveness
and letting go, in old age.

I reach out to my youth
acknowledging my stupidity
and careless concern for my sanity.

waiting for forgiveness is not my purpose
I apologize without expectation
I rightly owe myself nothing,
and everything in return.

I crafted this ill-fated road, I walk it
with my head held high and without caution
self-destruction is accepted
an unavoidable outcome
the universe has prewritten for me.

MIRANDO HACIA ATRÁS

En un instante de comprensión
luche con la idea del perdón
Y en la vejez, dejar ir.

Trato de alcanzar mi juventud
reconociendo mi estupidez
y preocupación descuidada por mi cordura.

esperar el perdón no es mi propósito
yo pido disculpa sin expectativa
con razón no me debo nada,
y todo de regreso.

He creado este camino desafortunado, yo lo camino
con la cabeza bien alta y sin precaución
se acepta la autodestrucción
un resultado inevitable
el universo ha prescrito por mí.

STORY UNTOLD

Ripped pages, from our unwritten love story
lying lifeless on the side of the street
The pages are worthless
the words are imperfect
but they belong to us.

they make up our seconds, minutes, and hours
the joyful moments we spent alongside one another
and the lonely moments
pondering a most certain ending.

those pages contain pieces of my soul
they cannot be erased
or burned into ashes.

HISTORIA NO CONTADA

Paginas arrancadas, de nuestra historia de amor no escrita
acostada sin vida al lado de la carretera
Las páginas sin valor
las palabras imperfectas
pero nos pertenecen.

ellas componen nuestros segundos, minutos, y horas
los momentos alegres que pasamos uno al lado del otro
y los momentos solitarios
reflexionando sobre un final seguro.

esas páginas contienen pedazos de mi alma
no podrán ser borradas
o quemadas a cenizas.

NO NAME USED

I stare at her
moments at a time
emotions flowing uncontrollably
as they suggest love
I openly adore her
unspoken words
as I watch her in the dark.

unwritten notes
that I forget to send
words scribbled
her name without mention
desirability pushes through black ink
spilled over paper without purpose

we belong to a system
a universal language
that falls into nonexistence, an abyss
based on her unwillingness to be held down.

burned roots to evade attachment
she pushed while I pulled
a tug-of-war over freedom
hands intertwined
and the holding
of broken heart-shaped cards.

NOMBRE NO USADO

La miro fijamente
momentos a la vez
emociones fluyendo sin control
como sugeriendo amor
la adoro abiertamente
palabras sin decir
mientras la miro en la oscuridad.

notas no escritas
que se me olvidan mandar
palabras garabateado
su nombre sin mencionar
deseabilidad empuja a través de tinta negra
derramada sobre papel sin propósito

pertenecemos a un Sistema
un lenguaje universal
que cae en no existencia, un abismo
basada en su falta de voluntad para ser sostenida.

raíces quemadas para evadir el apego
ella empujaba mientras yo jalaba
un tira y afloja sobre la libertad
manos entrelazadas
y el aguante
de tarjetas rotas en forma de corazones.

SOUL SEARCHING

We went from the Summer heat
to a drifting winter snow.
purple pastures in far-away fields
to a road covered with ice
from rain melting on Rooftops.

frozen puddles full of ambition, filled with dreams
I held her hand, I forgot to let go
she ran through dark tunnels, I never let go.
a passenger to her desires and childish possessions
in seclusion, together, forgotten and smitten
I gaze upon the twinkle in her eyes.
birds in trees as she rises in the A.M.
a fragrance of new beginnings
we lasted through our slumber
Repeated love, twisted and turned.

our thoughts wide open in the air
we spoke of our beliefs
where we will begin and end.
I refuse to let go, she opened her soul
I enter without struggle
I leave her, for the next chapter in a frail existence.

will she attempt to hold on, or find solace in the belief
that she will locate my playful shadow, in her next life?

EVALUANDO ALMAS

Salimos del calor del verano
a una nieve de invierno a la deriva.
pastos morados en campos lejanos
a una carretera cubierta de hielo
lluvia derritiéndose de tejados.

charcos congelados llenos de ambición, lleno de sueños
tome su mano, se me olvido dejarla ir
ella corrió por túneles oscuros, nunca la deje ir.
un pasajero a sus deseos y obsesiones infantiles
en reclusión, juntos, olvidados y enchulado
miro el brillo en sus ojos.
pájaros en los árboles mientras amanece en la mañana
una fragancia de nuevos comienzos
duramos durante nuestro sueño
Amor repetido, retorcido y girado.

nuestros pensamientos al aire libre
hablamos de nuestras creencias
donde comenzaremos y terminaremos.
me niego a dejarla ir, ella abrió su alma
entro sin lucha
la dejo, por el próximo capítulo en una existencia frágil.

¿ella intentará aferrarse, o encontrar consuelo en la creencia
que localizara mi sombra juguetona, en su próxima vida?

COMPANY WANTED

There's a noose hanging in the middle of this room
It calls out to me
proceeds to start side conversations with me.

I often glance in that direction
I try not to stare, lost in thought, as it sways from the wind
blowing through a side window, in a three-wall room.

I can't remember if I hung that noose
or if an unwelcomed guest placed it in the dead of night?
either way, it's there, dark in tone and alone.

companionship it prefers
a partner to play a quick game of kick the chair
if you double dog dare, mocking and mimicking my fears.

I wish not to play, but the louder it yells
weakness sets in, I give way to the silence
one foot in front of the other
scratch my name in the wooden trim.

I wonder if the rope
is a firm believer in second chances?

COMPAÑIA DESEADA

Hay una soga colgando en medio de la habitación
me llama
procede a iniciar conversaciones conmigo.

A menudo miro en esa dirección
intento no mirar, perdido en el pensamiento mientras el viento agita la soga
soplando a través de una ventana lateral en una habitación de tres paredes.

¿No me recuerdo si yo colgué esa soga
o si un invitado no bienvenido lo colocó en la oscuridad de la noche?
de cualquier manera, esta allí, oscuro en tono y solo.

prefiere compañía
un compañero para jugar un juego rápido de patea la silla
si te atreves, burlándose e imitando mis miedos.

Deseo no jugar, pero cuanto más fuerte grita
la debilidad se establece, doy paso al silencio
un pié delante del otro
rasca mi nombre en el borde de madera.

¿Me pregunto si la cuerda
es un firme creyente en segundas oportunidades?

CONNECTING

The energy, the synergy, who am I to you?
Behind a curtain
filled with mystery and wonder
unaware, but so sure that I want to be near you.

Fingertips touch, eyes closed
I feel your face, to understand your eternal story
stare into your eyes, speaking to your soul.
our toes touch as we inch closer
Your naked body slowly presses against mine
familiarity and nerves working together as one.

our hearts beat faster
our movements lost in the knowledge
that we are new to one another.
A slow process, discovering who you are and what you like
silent questions, while sounds provide answers
Come to me, give yourself away
I'll hand over my lost ways.

let's be found on an island
where our bodies can grow in and out of position
where time is no longer relevant.
Our separate lives mixed together as one
bonded and labeled fragile
to be handled gently by the moon
in hopes that we are not broken.

CONECTANDO

¿La energía, la sinergia, quien soy a ti?
Detrás de una cortina
lleno de misterio y asombro
inconsciente, pero tan seguro de querer estar cerca de ti.

Las yemas de los dedos tocan, ojos cerrados
Siento tu cara, para entender tu historia eterna
te miro a los ojos, hablándole a tu alma.
nuestros dedos de los pies tocan al acercarnos
Tu cuerpo desnudo se presiona lentamente contra el mío
familiaridad y nervios trabajando juntos.

nuestros corazones latiendo más rápidamente
nuestros movimientos perdidos en el conocimiento
que somos nuevos el uno al otro.
Un proceso lento, descubriendo quien eres y que te gusta
preguntas silenciosas, mientras sonidos proporcionan respuestas
Ven a mí, entrégate
Te entregare mis caminos perdidos.

seamos encontrados en una isla
donde nuestros cuerpos puedan crecer dentro y fuera de posición
donde el tiempo no es pertinente.
Nuestras vidas separadas mezcladas juntas en una
enlazadas y etiquetadas frágil
para ser manejadas suavemente por la luna
con la esperanza de que no estemos rotos.

DEATH CHASER

Dances in graveyards
and games with souls
they claim to know me
through midday dreams.
that line I've walked
swaying from breath-to-beating
to a pitfall seven feet
take away one and add my brittle bones.
the crystal-clear sea, she calls to me
the rougher the waters
and increase in danger
the greater she appeals to me.
a game of win or lose
a challenge that burns within me
like a winter's fire, we will have it out
it's our destiny.

PERSEGUIDOR DE LA MUERTE

Baila en cementerios
y juega con almas
ellos dicen conocerme
a través de los sueños del medio día.
esa línea he caminado
balanceándose de la respiración a los latidos
a un pozo caer siete pies
quita uno y añade mis huesos frágiles.
el mar cristalino, me llama
cuanto más agitadas las aguas
Un aumento en peligro
cuanto más me atrae.
un juego de ganar o perder
un desafío que quema dentro de mí
como un fuego invernal, lo tendremos fuera
será nuestro destino.

SO LONG SANITY

Dear madness,
do you know me?
are we friends?
what was done in the dark,
did you see?
please come play with me
hopscotch, double-dutch, jumping squares
red eyes and fairytales
unicorns and popcorn, prizes for all.
everyone is equal in the eyes of death
if you long to be labeled special
do not run
become best friends with the gun.
Wide-eyed, ready set, and it passed go
it failed, it fizzled from the second start
I closed my eyes
so that I could see more clearly.
it was obvious in many forms
I believe that we are going to fall over
sanity and all.

HASTA LUEGO CORDURA

Querida locura,
¿me conoces?
¿somos amigos?
lo que fue hecho en la oscuridad,
¿viste?
ven y juega conmigo por favor
rayuela, doble holandesa, cuadrados de salto
ojos rojos y cuentos de hadas
unicornios y palomitas de maíz, premios para todos.
todos son iguales en los ojos de la muerte
si anhelas ser etiquetado especial
no corras
se mejor amigo de la pistola.
Ojos amplios, en sus marcas listos, y se paso
falló, fracaso desde el segundo inicio
Yo cerré mis ojos
para poder ver con más claridad.
era obvio en varias formas
Creo que todos vamos a caer
cordura y todo.

DARK IMPULSE

She forcefully grabbed my hand
we fled into a dark canvas
filled with neon stars
fountains, the splashing of water
upon a cardboard moon.
illuminated streets, signs flicker
they reveal the ability to sell love
and a life worth purchasing
from a run-down vending machine.
We ran down the middle, solid lines
cars honk as we play a game of tag
with death and destruction.

IMPULSO OSCURO

Ella me agarro la mano con fuerza
huimos a un lienzo oscuro
lleno de estrellas de neón
fuentes, el salpicado de agua
sobre una luna de cartón.
calles iluminadas, parpadeo de signos
revelan la habilidad de vender amor
y una vida que vale la pena comprar
de una máquina expendedora deteriorada.
Nosotros corrimos por el medio, líneas solidas
los autos tocan la bocina mientras jugamos un juego de etiqueta
con muerte y destrucción.

CREATIVITY WASTED

I was molded into an abandoned dream
broken on purpose
executed to a demanding degree.
clocks with no walls to hang upon
no hands to reach for
time wasted on creativity without a calling.

the meaning of life gone over my head
wasted hope and dreams left on the roadside
an empty pen and blank paper
a misspelled signature.

I am the founding father of failure
my head hung so low, that it looks to the sky
the rain disguises my tears
forgive me father, mother, creator of all
I have wasted what was given to me.

You have my promise, pinky swear
my effort will be greater
should this writing itch follow me
in the next life I am granted.

CREATIVIDAD DESPERDICIADA

Fui moldeado a un sueño abandonado
roto a propósito
ejecutado en un grado exigente.
paredes sin relojes que colgar
sin manos para alcanzar
tiempo desperdiciado en creatividad sin un llamado.

el significado de la vida pasado sobre mi cabeza
desperdicio de esperanza y sueños abandonados al lado de la calle
una pluma y papel vacío
una firma mal escrita.

soy el padre fundador del fracaso
mi cabeza agachada tan baja, que mira hacia el cielo
la lluvia disfraza mis lágrimas
perdóname padre, madre, creador de todo
he desperdiciado lo que se me ha dado.

Tú tienes mi promesa, meñique juro
mi esfuerzo será mayor
si este picazón de escritura me sigue
en la próxima vida concedida.

IMAGINARY HOME

It's time to go
the train is boarding
stamp my ticket, I am a passenger
seeking refuge in some other station
in some other part of the world.

my surrounding no longer suits me
it refuses to change
these people, these faces
some shift, but the majority remain the same.

they foolishly insist they know me
perhaps on a surface level, yes
but they never searched for the soul inside
whispers and rumors of who I may be
conjured up stories of which character I play.

my story prewritten by the hands of outsiders
they refuse to let me edit or correct errors
to shed my skin or assume a new identity.

the pressures and expectations remain
I must move on, if I am to grow
Forcefully, the environment must change.

HOGAR IMAGINARIO

Es tiempo de ir
el tren está abordando
sella mi boleto, yo soy un pasajero
buscando refugio en otra estación
en alguna otra parte del mundo.

mi entorno ya no me conviene
se niega a cambiar
esta gente, estas caras
algunas cambian, pero la mayoría se quedan iguales.

neciamente insisten que me conocen
tal vez a nivel superficial, si
pero nunca han buscado el alma adentro
susurros y rumores de quien podría ser
historias conjuradas de que personaje interpreto.

mi historia prescrita por las manos de forasteros
se niegan a dejarme editar o corregir errores
o arrojar mi piel o asumir una nueva identidad.

las presiones y expectativas permanecen
debo seguir adelante, si seguiré con mi crecimiento
Con fuerza, el entorno debe cambiar.

RECREATING ROMANCE

Here I am, at the beginning
having to retell my story, explaining who I am
what I should have been, and who I want to be
New exchanges begin with a handshake,
and end with a hug.

Discovering the color of your eyes
while imprinting your smile into my memory
What makes you laugh, what makes you cry?
wakes you up in the morning, and tickles the curiosity in your soul?

Explain to me the day, year and month
which the angels brought you into the world
Matching the signs and stars to your personality and past lives.

What's that tattoo on your right shoulder,
Does it mix with my mood?

RECREANDO ROMANCE

Aquí estoy, al inicio
teniendo que volver a contar mi historia, explicando quién soy
lo que debería haber sido, y quién quiero ser
nuevos intercambios empiezan con un apretón de manos,
y terminan con un abrazo.

Descubriendo el color de tus ojos
mientras imprimo a mi memoria tu sonrisa
¿Qué te hace reír, qué te hace llorar?
¿qué te levanta en la mañana, y le hace cosquillas a la curiosidad en tu alma?

Explícame el día, año y mes
que los ángeles te trajeron al mundo
Empareja los signos y las estrella a tu personalidad y vidas anteriores.

¿Qué es ese tatuaje en tu hombro derecho,
Mezcla con tu estado de ánimo?

FAULTY FOUNDATION

I am in love
I shall write it in the sky, for all the universe to know.

she is the sun that rises in the east,
and the moon that guides me through mysterious roads.
the wind that cools me on a hot summer day,
and winter frost that kisses my nose,
colorful leaves that gather around my feet, in the fall
and my dark shadow that stands inches away.

I watch as she lights up my sky
unsure which star, but I know she's up there.
she is the water racing across the sand
the sounds echoing from the forest
the rustling of a wild animal in search of food.
words on paper, in books and on subway walls
the smoke and fog on a misty morning.

A wave upon which surfers ride
tall grass that sways on a long country road
that house on a hill, and the soil from which life grows.
she is my world, and all that it was built upon.

BASE DEFECTUOSA

Estoy enamorado
lo escribiré en el cielo, para que todo el universo lo sepa.

ella es el sol que sale por el este,
y la luna que me guía por calles misteriosas.
el viento que me enfría en un caluroso día de verano,
y heladas de invierno que besan mi nariz,
hojas de colores que se amontonan alrededor de mis pies, en el otoño
y mi sombra oscura que se encuentra a pulgadas de mí.

Veo como ella ilumina el cielo
sin saber cuál estrella es, pero sé que está allá arriba.
ella es el agua corriendo por la arena
el sonido resonando del bosque
el susurro de un animal salvaje en busca de comida.
palabras en papel, en libros y en paredes del metro
el humo y la niebla en una brumosa mañana.

Una ola sobre la que cabalgan los surfistas
hierba alta que se balancea en un largo camino rural
esa casa en una colina, y el suelo del que crece la vida.
ella es mi mundo, y todo sobre lo que fue construido.

LIFELONG STORY

It is on glorious mornings such at this
that I look back at all that had been
and what has not been in my life.

I welcome memories of the past
some greet me with a wide smile, dipped in sunshine
while mentioning moments based on joy and fulfillment
and others that haunt me like monsters in a closet.

They remind me of pain and angst
the past not far behind in footprints
yesterday mixed with a small pinch of tomorrow
my ghost remains in places, that I regret leaving behind.

emotions written on my brain with permanent marker
I hope that all is well, with those I have experienced in passing
may I be a fond memory, in past tales they tell children
it is better to have lost me than to never have known me.

I do not remember names, old age has gifted me with forgetfulness,
but I do recall feelings created in my presence
the smiles, the tears, love, or the lack thereof.
they linger within this poem, these lines
they made imprints on my journey through this life
building a skyscraper of a story, that may never be written.

LARGA HISTORIA

Es en mañanas gloriosas como estas
que miro hacia atrás a todo lo que había sido
y lo que no ha sido en mi vida.

Le doy bienvenida a memorias del pasado
algunas me reciben con una amplia sonrisa, bañado en el sol
mientras menciono momentos basados en alegría y satisfacción
y otros que me atormentan como monstruos en un armario.

Me recuerdan de dolor y angustia
las huellas del pasado no tan lejos
ayer mezclado con una pizca de mañana
mi fantasma permanece en lugares, que se arrepiente haber dejado atrás.

emociones escritas en mi cerebro con marcador permanente
espero que todo esté bien, con aquellos que he conocido al pasar
que sea un bonito recuerdo, en las historias contadas a los niños
es mejor haberme perdido que nunca haberme conocido.

No recuerdo nombres, la vejez me ha premiado con el olvido,
pero si recuerdo sentimientos creados en mi presencia
las sonrisas, las lágrimas, el amor, o la falta de el.
ellos persisten dentro de este poema, estos versos
ellos hicieron huellas en mi viaje por esta vida
construyendo un rascacielos de una historia, que tal vez nunca se escriba.

A FUTURE UNWANTED

I didn't lose you, I left you.
your pressure was pressing on my shoulders
poison filling a closed room without functioning windows
two hands reaching for my throat
oxygen leaking through a crack in the dreams I chase.

why did you rest your dreams on my pillow?
I never wanted your picket fence and green grass
your motherly need to hear children laugh and dogs howl
birthday candles and pony rides
fertile seeds trying to hide.

hair pinned up and kitchen clothes ready
cooking, ovens set to bake
kitchen table set, knives and forks
plates, watering for consumption
ledges, apple pies, gardening and plucking
a perfect picture you painted as a child.

wedding bells and church floors filled with rice
soda cans tied to the back of a long car
honeymoon and a happily ever after
I want no part in the silliness you placed on our first meeting.
open window, wind blowing, branches tapping on glass
I left in the night, the right side of the bed empty and indented
the nightmare you conjured up, I leave it for another man.

UN FUTURO NO DESEADO

No te perdí, te deje.
tu presión estaba presionando mis hombros
veneno llenando una habitación cerrada sin ventanas que funcionaban
dos manos alcanzando mi garganta
el oxígeno escapándose a través de una grieta en los sueños que persigo.

¿por qué descansaste tus sueños en mi almohada?
yo nunca quise tu cerca de piquete y pasto verde
tu necesidad maternal de escuchar a los niños reír y los perros aullar
velas de cumpleaños y paseos a caballo
semillas fértiles tratando de esconderse.

cabello recogido y ropa de cocina lista
cocinando, hornos listos para hornear
mesa de cocina lista, cuchillos y tenedores
platos, regar para consumir
cornisas, tartas de manzana, jardinería y desplume
una imagen perfecta que pintaste de niña.

campanas de boda y pisos de iglesia llenos de arroz
latas de gaseosa atadas a la parte trasera de un carro largo
luna de miel y un feliz para siempre
no quiero participar en las tonterías que pusiste en nuestra primera reunión.
ventana abierta, viento soplando, ramas golpeando el vidrio
me fui en la noche, el lado derecho de la cama vacío y sangrado
la pesadilla que evocaste, se la dejo a otro hombre.

RESTLESS SOUL

Restless I became, the air stale and lacked a certain freshness
The windows old, paint peeling from the walls
unfamiliar and unpleasant to the eye
aging through the years, nothing changes
things remained the same as they had,
since I carried you through the door, in that semi-white dress and veil.

The locks sound like thunder in my ears, creating anxiety
a fortress with an escape plan
an exit with a fire ladder, to an alley of uncertainty
That garden in which you spent hours
planting seeds of growing old and dying in a bed,
next to one another
I could see my life passing by, simply written on paper
summarized in a few short sentences:
White fence, two dogs and children
that have aged to the degree in which they only visit on Christmas.

Handle it I could not, I was afraid, terrified of what I had given up
and will never experience in this lifetime
I need to touch the roads of old time Paris, run with bulls in Spain
that waterfall in Ecuador calls out my name
The bright lights of Broadway productions
and fishing with the old man in one of the Keys.

I apologize, this was not what I meant it to be
when we fell in love over dessert,
that early autumn Sunday morning
I appreciate the love you supplied, and the tears we cried
the way you picked me up, when I had fallen apart so many nights
but this was temporary, never forever
I hope that next hand you hold, squeezes and never lets go.

ALMA INQUIETA

Inquieto me convertí, el aire viciado y carecía de cierta frescura
las viejas ventanas, pintura descascarada de las paredes
desconocida y desagradable a la vista
envejeciendo a través de los años, nada cambia
las cosas permanecieron igual,
desde que te lleve a través de la puerta, con ese velo y vestido semi-blanco.

Las cerraduras suenan como truenos a mis oídos, creando ansiedad
una fortaleza con un plan de escape
una salida con escalera de incendios, a un callejón de incertidumbre
Ese jardín en el cual pasabas horas
sembrando semillas de envejecimiento y morir en una cama,
uno al lado del otro
pude ver que me vida me pasaba, simplemente escrito en papel
resumido en unas pocas oraciones cortas:
Cerca blanca, dos perros e hijos
que han envejecido en la medida que solo visitan en la Navidad.

Manejarlo no podía, tenía miedo, aterrorizado de lo que había renunciado
y nunca conoceré en esta vida
necesito tocar las calles del viejo París, correr con toros en España
esa cascada en Ecuador me llama
Las luces brillantes de producciones de Broadway
e ir de pesca con mi padre en las aguas de Florida.

Me disculpo, esto no es lo que yo quise que fuera
cuando nos enamoramos al comer postre,
ese domingo de otoño temprano por la mañana
yo aprecio el amor que distes, y las lágrimas que derramamos
la forma en que me levantaste, cuando había caído tantas noches
pero esto era temporario, nunca para siempre
espero que la próxima mano que sostengas, te apriete y nunca te deje ir.

GOD'S STORYBOARD

A collection of unknown art, Pieces on a wall
a gallery of scenes resembling my life.
push them together so they may tell a story
conversation pieces for the well-to-dos.

dramatized with uncertainty
second guessing to the grandest of degrees.
A self-portrait, one for each year forgotten
the hardships brushed between the lines on my palms.

I barely recognize who I was, once upon a time
I often reflect and cringe at those naive moments.
life has taught me well, schooled me
educated me on the wisdom
of where exactly my place belongs
in the ever-shifting universal portrait
hanging on God's wall of shame.

TABLERO DE LA HISTORIA DE DIOS

Una colección de arte desconocida, piezas en una pared
una galería de escenas parecidas a mi vida.
empuja las juntas para que puedan contar una historia
piezas de conversación para los acomodados.

dramatizados con incertidumbre
segunda conjetura al más grande de los grados.
un autorretrato, uno para cada año olvidado
las penurias rozando las líneas entre mis palmas.

Apenas reconozco quién era, hace una vez
a menudo reflexiono y me encojo en esos momentos ingenuos.
la vida me ha enseñado bien, me ha educado
me educo en la sabiduría
en donde exactamente pertenezco
en el retrato universal siempre cambiante
colgando en la pared de la vergüenza de Dios.

SELF-PRODUCTION

Curtain up.
Place me on a stage, dramatic entrance at birth
prep me for characterization and directions
a crowd pleaser I am sure to pretend
an audience for my foolish antics and false bravado.

a man who wears many masks
Colors for make believe
scenery painted by stagehands
that cover a sad actuality
loneliness a cast member
left out of the tale we are telling
happiness and bliss we are selling.

words without meaning or feeling
opposite of the actions forced, from scene to scene
a misguided and misunderstood ending
death at its finest
curtain down.

AUTO PRODUCCION

Cortina hacia arriba.
Ponme en un escenario, entrada dramática al nacer
prepárame para la caracterización y las direcciones
una multitud complaciente estoy seguro de fingir
una audiencia para mis travesuras tontas y falsa valentía.

un hombre que usa muchas mascaras
Colores para pretender
paisaje pintado por tramoyistas
que cubren una actualidad triste
la soledad un miembro del elenco
dejado fuera de la historia que estamos contando
estamos vendiendo felicidad y alegría.

palabras sin significado o sentimiento
opuesto a la forzadas acciones, de escena a escena
un fin desconcertado e incomprendido
muerte en su máximo
cortina abajo.

ALL IN

Love
her and I
we bathed in it
our souls were soaked in it
we bought the idea of it
paid in full and drank it,
we lay in grass fields and puffed it
the higher our hearts reached
the more we were numb to it,
her lips were covered in it
the more we touched
the deeper I fell in it with her,
we were so far in it
she placed her body on top
I was deep in and out of it
we finished one at a time,
I am so much in love with her
there is life with her
and nothingness
if we don't have it.

TODO DENTRO

Amor
ella y yo
nos bañamos en el
nuestras almas empapadas en el
trajimos la idea de el
pagado en totalidad y bebido,
nos acostamos en campos de hierba y lo fumamos
cuanto más alto llegaban nuestros corazones
más entumecidos estuvimos hacia él,
sus labios cubiertos en el
entre más nos tocábamos
más profundo caí en el con ella,
estábamos tan lejos en el
ella colocó su cuerpo encima
estaba profundamente dentro y fuera de el
terminamos uno a la vez,
estoy tan enamorado de ella
hay vida con ella
y nada
si no lo tenemos.

CONTROL HANDED OVER

I adore you
from up close, and from afar
nothing could keep me from you
not a tempered sea, or an angered sky.

death is only an option for the flesh
my soul is set on a course, to seek you out
destiny is a word used by observers
we are participants in this emotion called love.

a hand provides help
but a heart creates shelter
if Heaven refuses you
I will follow you to Hell.

no predetermined fate will break this bond
I'm a slave to your words
a captive to your touch
if you trampled over my heart
and betrayed me a million and one times
my love for you would continue to shine.

I am your puppet to play
your flower to stomp on
do with me what you may!

CONTROL ENTREGADO

Te adoro
de cerca, y de lejos
nada podría alejarme de ti
no un mar templado, ni un cielo enfadado.

la muerte es solo una opción para la carne
mi alma está puesta en curso, para buscarte
el destino es una palabra utilizada por observadores
somos participantes en esta emoción llamada amor.

una mano proporciona ayuda
pero un corazón nos da albergue
si el Cielo te rechaza
te seguiré al Infierno.

ningun destino predeterminado romperá este enlace
soy un esclavo a tus palabras
un cautivo a tu toque
si pisoteas mi corazón
y me traicionas un millón y una veces más
mi amor por ti continuará brillando.

¡Soy tu marioneta con que jugar
tu flor para pisotear
haz conmigo lo que quieras!

SEXUAL TENSION

She lay on my bed, waiting for me to take control
the right side of her face
buried in my flattened pillow.
I sit in amazement, watching from the oak chair
sitting beside my apartment window,
as she breathes heavily.

I am hesitant when it comes to touching her
does she lust for me, or just settling for companionship?
I finish my cigarette, before rising to the occasion
Softly, I walk to the edge of the bed
she reaches for me, I hesitate to reach back.

I relocate, the other side of the bed I approach
I'm distracted by the way her eyes ignore my movements
I pull the sheet from her body, she is bare
I slide beside her and touch her long black hair.

she continues to stare at my dingy walls
I start at her feet, and follow the baseline of her smooth-skinned leg
I pass her breast, and stop at her cheek, she is warm
her intentions unknown, does she love me?

at this moment, an answer is not requested
but after the morning sun starts to glow
I will need to know.

TENSIÓN SEXUAL

Se acostó en mi cama, esperando que tomara el control
el lado derecho de su cara
enterrado en mi almohada aplanada.
me siento asombrado, mirando desde la silla de roble
sentado junto a la ventana de mi departamento,
mientras respira pesadamente.

Siento dudas cuando se trata de tocarla
¿me desea, o simplemente se conforma con mi compañía?
termino mi cigarrillo, antes de estar a la altura de la ocasión
Suavemente, camino hacia el borde de la cama
ella me busca, y yo vacilo ser encontrado.

Me muevo, al otro lado de la cama me acerco
estoy distraído por la manera en que sus ojos ignoran mis movimientos
jalo la sabana de encima de su cuerpo, ella está desnuda
me deslizo a su lado y toco su cabello largo y negro.

ella sigue mirando mis paredes lúgubres
comienza a sus pies, y sigo la línea de base de su pierna de piel lisa
paso un seno, y me detengo en su mejilla, ella es cálida
sus intenciones desconocidas, ¿ella me ama?

en este momento, no se requiere respuesta
pero después que el sol de la mañana comienza a brillar
necesitaré saber.

A DARK PLACE

At what point do you draw the shades
and block the sun from entering?
emotions trapped, forced to face the situation at hand
confronting what is killing your soul, is the only way out.

the one true road to healing your heart
and piecing together the puzzle of your sanity.
the darkness, voices speak
you speak for no one to hear
as words of regret go unheard.

understanding the purpose may be difficult
seeking out the positive
and valuable lessons, are hard to unearth
when pain and sorrow are standing over your shoulders.

UN LUGAR OSCURO

¿A qué momento cierras las persianas
y bloqueas la entrada del sol?
emociones atrapadas, obligado a enfrentar la situación actual
enfrentarse a lo que está matando tu alma, es la única salida.

el único camino verdadero para sanar tu corazón
y armar el rompecabezas de tu cordura.
la oscuridad, voces hablan
hablas para que nadie escuche
palabras de arrepentimiento siguen inauditas.

comprender el propósito puede ser difícil
buscar lo positivo
y valiosas lecciones son difíciles de desenterrar
cuando el dolor y la tristeza están sobre tus hombros.

REMINISCING

Someday, in my old age
I will sit in front of wide waters
somewhere on the shores of France
open notebook in hand
writing about you
trying to touch the memories
I hold of you

RECORDANDO

Algún día, en mi vejez
me sentare al frente de aguas anchas
en algún lugar a las orillas del mar de Francia
libreta abierta en mano
escribiendo sobre ti
tratando de tocar las memorias
que tengo de ti.

MEMORABLE

I would meet her in the alleyway at midnight
Back door kisses, as my hands ran freely
over her holy-temple like body.

A foreigner to my lips
I placed kisses on her neck
I admired her freckles
connect the dots, and they spell one of a kind, that she is.

mold broken, unforgettable should you meet her
Lucky is a five-letter word
an idea, suggesting that one was blessed
which was I, when holding her.

Her laughter pulled heads, attention she seemed to always grab
you would be so privileged
to walk the same trail, she left her footprints upon.

When I close my eyes, I drift back to those untouchable days
fresh rain, a warm wind, sounds from the city
as we played on concrete playgrounds.

I visit her often, I smile as I watch her from a distance
Same town, familiar streets, but different lives
opposite directions we went.

We had our moments, but the sand ran out of the hour glass
perhaps another life, a refill on time
another go-round at the meaning of forever.

MEMORABLE

La encontraría en el callejón a medianoche
besos detrás de una puerta, mientras mis manos corrían libremente
sobre su templo-sagrado de cuerpo.

Una extranjera a mis labios
le puse besos en el cuello
admire sus pecas
conecta los puntos, y deletreas única, lo que ella es.

molde roto, inolvidable si la llegas a conocer
Suerte es una palabra de seis letras
una idea, sugiriendo que uno es bendecido
cual yo era, cuando la abrazaba.

Su risa atrajo atención, la atención que siempre parecía captar
estarías tan privilegiado
caminar por el mismo sendero en donde dejó sus huellas.

Cuando cierro mis ojos, regreso a esos días intocables
lluvia fresca, un viento cálido, sonidos de la ciudad
mientras nosotros jugábamos en patios de concreto.

La visito a menudo, sonrió mientras la miro de lejos
Mismo pueblo, carreteras conocidas, pero vidas diferentes
en direcciones opuestas nos fuimos.

Tuvimos nuestros momentos, pero la arena en el reloj del tiempo se acabó
tal vez en otra vida, una recarga al tiempo
otra vuelta al significado de la eternidad.

A ONE NIGHT LOVE

Noise from the hall
echoes of hearts and beats
that took the hand of vulnerability
and danced through the night.

Sparks and flames
the fire still burning bright, music kept low
as smiles and kisses are exchanged
across a crowded room.

The sun,is rising, the moment fading
hands once locked are now letting go
Masks that were removed, now cover identities
that remain a mystery, to those held at bay.

Love exchanged through the night
but gently put back in the hands of its rightful owner
wrapped in a handkerchief and stored in a back pocket.

Tomorrow comes with fresh opportunities
and the option to love again
should one so choose.

AMOR DE UNA NOCHE

Ruido del pasillo
ecos de corazones y latidos
que tomó la mano de la vulnerabilidad
y bailó durante la noche.

Chispas y llamas
el fuego sigue ardiendo, música mantenida a bajo volumen
mientras sonrisas y besos son intercambiados
a través de una habitación llena de gente.

El sol sale, el momento se desvanece
manos una vez juntas, ahora dejan ir
Máscaras que fueron retiradas, ahora cubren identidades
que permanecen un misterio, a los que mantenemos alejados

Amor intercambiado durante la noche
pero suavemente puesta de nuevo en las manos de su legítimo dueño
envuelto en un pañuelo y guardado en un bolsillo trasero.

Mañana llega con oportunidades nuevas
y la opción de amar de Nuevo
si uno lo elige.

PIECING TOGETHER

Beautiful night
designed by idol hands,
progress painted in the background.

I reach for her
body still, she lay alone
wishes thrown into a vacant sky,
I press forward
slight sliver of light, moon dangling high
one window to ponder
a future uncertain.

handprints around my neck,
Hello, can I be heard?
unwilling and forceful by nature
stand near me
no wait, run away, but not today.

colors in a getaway parade
existence given freely, yet taken lightly
birth to a voice that will not betray me.
my soul is open, a book without a cover
I await her
I long to love her through a foreign language.

hands over skin, speechless
her eyes believe in me
I find comfort in who she was
and her presence as it consumes me
we crash into a sea of purity.

JUNTANDO

Noche Hermosa
diseñada por manos ídolo
progreso pintado al fondo.

Trato de llegar a ella
cuerpo quieto, ella acostada sola
deseos arrojados a un cielo vacante,
sigo adelante
leve astilla de luz, la luna colgando a lo alto
a reflexionar por una ventana
un futuro inseguro.

huellas de manos alrededor de mi cuello,
¿Hola, puedo ser escuchado?
poco dispuesto y vigoroso por naturaleza
párate cerca de mí
espera, huye, pero no hoy.

colores en una desfile de escapada
existencia dada libremente, pero tomada a la ligera
nacimiento a una voz que no me traicionará.
mi alma está abierta, un libro sin cubierto
la espero
ansioso por amarla a través de un lenguaje extranjero.

manos sobre piel, sin palabras
sus ojos creen en mí
encuentro consuelo en quien era ella
y su presencia en cómo me consume
nos estrellamos en un mar de pureza.

ENJOY THE MOMENT

We just are, and at this moment, that is good enough
living in the now, engulfed and smothered in it
to enjoy her today, and care not, for what may come tomorrow
taking time to laugh out loud with her.

childish manners as I play alongside of her
holding her hand as nature pretends not to watch
kissing her fingers and forehead
these gentle reassurances of appreciation.

back scratches and bear hugs, hoping to never let go
horse-back rides, handshakes and high fives
one sunset and moon rise at a time
never looking forward or too far back.

eyes locked on smiles
feelings that forgot how to work
a heart pounding and thoughts racing
we will ponder what may, or may not
when the stars set the stage,
on a day that has yet to exist.

DISFRUTA EL MOMENTO

Solo somos, y en este momento, eso basta
viviendo en el presente, engullido y sofocado en el
a disfrutarla hoy, sin importar, lo que puede venir mañana.
tomando el tiempo para reír en voz alta con ella.

modales infantiles mientras juego al lado de ella
sosteniendo su mano mientras la naturaleza finge no mirar
besando sus dedos y frente
estas gentiles garantías de aprecio.

rasguños en la espalda y abrazos de oso, deseando nunca dejar ir
paseos a caballo, apretones de mano y chocale
una puesta de sol y una luna creciente a la vez
nunca mirando al futuro o muy hacia el pasado.

ojos fijos en sonrisas
sentimientos que olvidaron cómo funcionar
un corazón palpitando y pensamientos ligeros
reflexionaremos sobre lo que puede o no ser
cuando las estrellas preparan el escenario,
en un día que aún no existe.

AN IDENTITY WITHOUT HIM

Her arms reached the window
long nails scratched paint from wood
She looked over the city-skyline
The sun an intense yellow
Buildings high
The people low
Moisture arose from green grass
She opened her mouth, "What a beautiful day"
Modify, "What a beautiful day to die!"

The edge six stories high
Life stood still on a cement stone
Beautiful and young
The housewife dangled like a doll
Dinner was fresh
The curtains clean
She gave one glance
Desired disconnection
Arms out wide she let go!

My window approachable
Two stories above ground
I watched her glide
I heard the sound her body made
I looked below
A left shoe lay to the right
Blood thick in cracks
Bystanders in disbelief
She illustrated a smile!

Breathing faded
Green dress spotted red
Pearls sunk in soil
She lay in a black bag
Toe wrapped with name
Dissected by brain
Evaluated for illness
Diagnosed, Realized her identity
I hear Men dead-bolt windows!

UNA IDENTIDAD SIN EL

Sus brazos alcanzaron la ventana
uñas largas rayaron pintura de la madera
ella miró sobre el horizonte de la ciudad
El sol un amarillo intenso
Edificios altos
La gente debajo
la humedad surgió de la hierba verde
Ella abrió su boca, "Que hermoso día"
modifica, "¡Qué hermoso día para morir!"

Seis pies de altura desde el borde
La vida se detuvo en una piedra de cemento
Hermoso y joven
La ama de casa colgada como una muñeca
La cena estaba acabada de hacer
Las cortinas limpias
Ella dio una mirada
Deseando desconexión
¡Con brazos abiertos, dejo ir!

Mi ventana accesible
Dos pisos sobre el suelo
La mire deslizarse
Escuche el sonido que hizo su cuerpo
Mire hacia abajo
Un zapato izquierdo acostado a la derecha
Sangre espesa en las grietas
Espectadores incrédulos
¡Ella ilustró una sonrisa!

La respiración se desvaneció

Vestido verde con manchas rojas

Perlas hundidas en el suelo

Ella tendida en una bolsa negra

Dedo del pie envuelto con nombre

Cerebro disecado

Evaluada para enfermedades

Diagnosticada, realizando su identidad

¡Yo escucho Hombres ventanas con cerrojo!

FINALIZED LOVE

I pleaded, cried, and slowly died for her
wasted my time, paper and rhyme for her
laid down my jacket, pride and my life for her
took punishment, pain, and laid in pity for her
backstabbed family, friends and myself for her
spit in the face of right, and made a home with wrong for her
loved, left and forgotten many in life for her
slept in the rain, snow and blood for her
passed opportunity, lust and love for her
killed my emotions, soul, and right hand for her
took my desire, passion, and obsession, I hold for her
threw them to the side for her
and at last, I'm finished with her.

AMOR FINALIZADO

Le supliqué, lloré, y lentamente morí por ella
desperdicié mi tiempo, rima y papel por ella
dejé mi chaqueta, orgullo y mi vida por ella
tome castigo, dolor, y me compadecí de ella
apuñale familia, amistades y yo mismo por ella
le escupí en la cara de lo correcto, e hice un hogar a lo mal por ella
ame, dejé y me olvide de muchos en la vida por ella
dormí en la lluvia, nieve y en sangre por ella
deje pasar oportunidades, lujuria y amor por ella
maté mis emociones, alma, y mano derecha por ella
tomó el deseo, pasión, y obsesión, que tengo por ella
las eche hacia un lado por ella
y al fin, terminé con ella.

MEETING A STRANGER

Let's talk.
Open with what you like and dislike
what brings joy to your day
and if the sun breaks into your bedroom from the east or west.

Say something out loud, what you refuse to tell yourself
alone, under the shelter of the darkness, in your home.
Have you any jokes, can you make me laugh?
Let's discuss your favorite piece of pie
and which flavor tea opens your eye.

Pretend I am your journal
lay your worries and troubles upon my pages
write the words that sadden your heart
and bring tears to those big brown eyes.

Maybe it would be best if we spoke of cheer
happier times, when your family spent summers by the lake
exchanged holiday hugs,
held hands around the table,
as an elder led prayer.

Pick a topic, whatever you please
I long to sit on this bench and listen
to the words that make up your mysterious life.

CONOCER UN EXTRAÑO

Hablemos.
Empieza con lo que te gusta y disgusta
que en tu día te trae alegría
y si el sol entra en tu habitación desde el este o el oeste.

Di algo en voz alta, lo que niegas decirte a ti mismo
Solo, en tu casa, bajo el refugio de la oscuridad.
¿Tienes alguna broma, me puedes hacer reír?
Hablemos sobre tu favorito pedazo de pastel
y qué sabor de té te abre los ojos.

Pretende que soy tu diario
deja tus preocupaciones y problemas en mis páginas
escribe las palabras que entristecen tu corazón
y traen lágrimas a esos grandes ojos marrones.

Tal vez sería mejor si hablamos de alegría
tiempos más felices, cuando tu familia pasaba los veranos junto al lago
intercambiaban abrazos durante tiempo de fiestas
se tomaban de manos alrededor de la mesa,
como un anciano dirigiendo oración.

Elige un tema, lo que quieras
anhelo sentarme en este banco a escuchar
las palabras que componen tu vida misteriosa.

BEAUTIFUL LIFE

As a child, I created ideas
of what life should have been
and how it may play out.
like characters, brought to stage
in reflection of all that was me.

I came to breathe the same air that produced creativity
and bright colors to the minds of melancholy.
I believed that progress meant going forward
that finding hope meant grasping the unseen
but I may be mistaken.

there is no sin in going backwards
or letting go of what has yet to exist.
mountains of moments and memories
a life full of unexplained mishaps and missed opportunities.

I run my hands over an image that burns like a wildfire
there is beauty in a painting that lacks perfection
the mess is obvious, but the journey is beautiful.

VIDA HERMOSA

De niño, creaba ideas
de lo que la vida debería haber sido
y cómo podría desarrollarse.
como personajes, llevados al escenario
en reflexión de todo lo que era.

Llegue a respirar el mismo aire que produjo creatividad
y colores brillantes a la mente de la melancolía.
creía que el progreso significaba seguir adelante
que encontrar esperanza significaba agarrar lo invisible
pero podré estar equivocado.

no hay pecado en ir hacia atrás
o dejar ir de lo que todavía no existe.
montañas de momentos y memorias
una vida llena de percances inexplicables y oportunidades perdidas.

Paso mis manos sobre una imagen que arde como un fuego salvaje
hay belleza en una pintura que carece de perfección
el desorden es obvio, pero el viaje es hermoso.

APPRECIATION

A deep thank you to life
this has been a valuable lesson indeed
one which I will use as I move along
she was a teacher, a valuable instructor
in my approach, my beliefs and perception.

I bid her a farewell
as we softly and gently part ways
I am uncertain if a hug, or handshake would work best.

words could be said, but at this moment
they do not matter, nothing can change the outcome
it was inevitable from the start
the writing was on the wall, before we entered the room.

deep down, we knew this day would come
that this scene would play out,
as it has, in so many dramatic productions
we were no different, no stranger to the will of life.
the shifting from day-to-day, moment-to-moment

I tried to love her, perhaps I was wrong
or didn't know any better, Naive in many ways
my back to the sun, bag on my shoulder
the clouds serve as my guide, for the long road ahead
flowers in the wind, a summer breeze and a dirt flooring
as the quiet and tranquil surroundings, welcome me.

APRECIACIÓN

Un profundo agradecimiento a la vida
esto ha sido una valiosa lección
una que usare mientras sigo en mi camino
ella fue maestra, una instructora valiosa
en mi enfoque, mi percepcion y creencias.

le digo adiós
suavemente y con gentileza nos despedimos.
Sin estar seguro si un abrazo, o apretón de manos sería mejor

se podría decir unas palabras, pero en este momento
no importan, nada puede cambiar el desenlace
fue inevitable desde un inicio
lo nuestra ya estaba escrito, antes de poner un pie en la habitación

en el fondo, sabíamos que este día llegaría
que esta escena se desarrollaría
como lo ha hecho, en tantas producciones dramáticas
no fuimos diferentes, sin ser extraños a la voluntad de la vida.
el cambio diario y de momento por momento

Trate de amarla, tal vez fue un error
o no supe mejor, ingenuo de muchas maneras
mi espalda al sol, bolsa en hombro
las nubes sirviéndose de guía, para el largo camino adelante
flores en el viento, una brisa calurosa y piso de tierra
como el entorno tranquilo y silencioso, me dan la bienvenida.

LONGING

She is as precious as the Sun is yellow
a warm cheek to run your hand over
her skin is soothing and addictive, in a preferable manner.

a shot of passion, fresh air infused into my soul
a burned bridge repaired, a pathway to a sought-after sanity
her smile burned, right at the edge of my memory bank.

from loose soil, she pulled me like a flower
pressure applied as her fingers ran freely
movements under the moon, I am so far gone.

tender shadow, silly Demons, that no longer haunt these streets
an alleyway where we meet, under a lamp post
I watch as she greets me, her heart emotionally feeds me.

a lasting memory of when the stars
and planets provided her for me.
Freely, directly, In some distant world.

I long for her, to long for me
When she is away, it's as if time and space
are colored with paints, mixed with delusion.

ANHELO

Ella es tan preciosa como el sol es Amarillo
un cachete cálido en el cual pasar tu mano
su piel es calmante y adictiva, de manera preferible.

un disparo de pasión, aire fresco infundido en mi alma
un puente quemado reparado, un camino hacia una cordura solicitada
su quemada sonrisa, justo en el borde de mi banco de memoria.

de tierra suelta, me jaló como una flor
presión aplicada mientras sus dedos corrían libremente
movimientos bajo la luna, estoy perdido.

sombra tierna, Demonios tontos, que ya no rondan estas calles
un callejón donde nos encontramos, debajo de un poste de luz
observo mientras me saluda, su corazón me alimenta emocionalmente.

un recuerdo duradero de cuando las estrellas
y planetas me la proporcionaron.
Libremente, directamente, en algún mundo distante.

La anhelo, anhelarme
Cuando ella está lejos, es como si el tiempo y el espacio
están coloreados con pinturas, mezclados con ilusión.

LETTING GO OF A SOULMATE

Do you hear the beating of my heart?
that's her, deep at the bottom, moving and shifting
I'm not sure if the words I write
describe what she truly means to me
but I find myself, attempting to place those emotions on plain paper.

I remember the first time
I laid my tired eyes on her beautiful face
I think back to when I barely knew her
The warm October air filled a playful Chicago Street
we walked in the dark
and discussed our lack of understanding for life.

there was that first kiss in August
I wondered how much I actually wanted from her,
as she cautiously played in the California heat.

I recall late night conversations
waking up at three in the sunrise
watching the sun-rise, as we greeted the new day.
strolls by the lake, where she carelessly gazed at me
as waves crashed against the rocks
getting to know her was spiritual
those July nights that avoided expectations, secrets shared.

I think fondly of the beginning
that feeling and sense of new still lingers in my mind
I'm not certain of the exact moment, I decided she was worth chasing
worth the struggle, worth the heartache,
but I made that decision and never looked back.

many fond memories were made
moments that are sure to give birth to a smile, yesterday, and tomorrow
she is a piece of my soul, that I had to let go.

DEJAR IR UNA ALMA GEMELA

¿Escuchas el latido de mi Corazón?
es ella, abajo en la profundidad, cambiando y moviéndose
no estoy seguro si las palabras que escribo
describen lo que ella realmente significa para mí
pero aquí me encuentro, intentando colocar en papel todas esas emociones.

Me recuerdo la primera vez
que mis ojos cansados se enfocaron su hermoso rostro
me pongo a pensar en el tiempo cuando apenas la conocía
Ese cálido aire de octubre llenaba una carretera juguetona en Chicago
Caminamos en la oscuridad
y conversamos sobre nuestra falta de entendimiento sobre la vida.

hubo ese primer beso en agosto
me preguntaba que tanto quería de ella,
mientras cautelosamente jugaba en el calor de California.

recuerdo conversaciones por la noche
despertar a las 3 de la madrugada
viendo salir el sol, mientras saludamos el nuevo día.
paseos por el lago, donde ella me miraba descuidadamente
mientras las olas chocaban contra las rocas
llegar a conocerla era algo espiritual
esas noches en julio con expectativas evitadas y secretos compartidos.

pienso en el comienzo con mucho cariño
ese sentimiento y sentido de lo nuevo aún permanece en mi mente
no estoy seguro del momento exacto, decidí que valía la pena perseguirla
Valía la pena la lucha y la angustia,
pero tome mi decisión y nunca mire hacia atrás.

se crearon muchos recuerdos bonitos
momentos que son seguros de dar a luz a una sonrisa, de ayer, y mañana
ella es un pedazo de mi alma, que tuve que dejar ir.

COMPANY OF ONESELF

It's just me
these empty walls as they close in on me
this door which no one knocks upon.

these imaginary ideas
the echoes and the whispers
meaning unknown and held for dear life.

the abandonment of fulfilled emotions
the darkness, it comforts the mind
in and out of corners that hide tales of seclusion.

no one else, the years and the days
that have passed over my shallow grave
and come crashing into a self-designed reality.

the words that no one shall speak
stories that will never be told
laughter that never existed inside this empty space.

I am nothing, we are nothing, truth be told
nothing more, nothing else, no one awaits, no one looks
in the end, it's just myself and the man I use to be.

COMPAÑIA DE UNO MISMO

Solo soy yo
estas paredes vacías que cierran sobre mí
esta puerta que nadie toca.

estas ideas imaginarias
los ecos y susurros
significado desconocido y sostenido por querida vida.

el abandonamiento de emociones cumplidas
la oscuridad, conforta la mente
dentro y fuera de los rincones que esconden historias de reclusión.

nadie más, los anos y días
que han pasado por mi tumba poca profunda
y chocan contra una realidad de diseño propio.

las palabras que nadie dirá
historias nunca contadas
risas que nunca existieron dentro de este espacio vacío.

Yo soy nada, somos nada, la verdad dicha
nada más, nada más, nadie espera, nadie mira
al final, solo soy yo y el hombre que fui.

A WOMAN WANTED

If only I were a painter.
the ability to turn a white canvas
into a portrait of bursting colors.
representations of love
understanding, patience, and eternal peace.
I would paint you in red
a feisty and ferocious symbol of love
womanhood and all that is great.
My brush strokes would be long, yet gentle
I would add the ocean, and waves to create character
A yellow sun, that would never set on perfect days
a boat in the distance and sand between your toes
the wonders of life, and living through permanent smiles
laughter and all the emotions
that find new life, after a suicidal winter.

UNA MUJER QUERIDA

Si solo fuera un pintor.
la capacidad de convertir un lienzo blanco
en un retrato de colores explosivos.
representaciones de amor
comprensión, paciencia, y paz eterna.
Te pintaría de color rojo
un símbolo de amor feroz y luchador
feminidad y todo lo que es genial.
mis pinceladas serian suaves, pero largas
Añadiría al océano, y olas para crear carácter
Un sol amarillo, que nunca se pondría en días perfectos
un barco en la distancia y arena entre tus dedos
las maravillas de la vida, y viviendo a través de sonrisas permanentes
la risa y todas las emociones
que encuentran nueva vida, después de un invierno suicida.

SEX RECYCLED

Tell me what I want to hear, tell me what I fear
Describe your sexual fantasies
what makes you bite the pillow
pushes you to scream?
To what depths shall I maneuver
do you prefer that I move slow?
like a bow against violin strings
or faster, like a ship out of control?

Are you set like the deep blue sea?
whisper that you need me
correction—scream it loud
the house is clear
only the ghost of past participants
can see the dirty games we play.
Do we agree upon a safe word?
one where you inform me
of the amount of pain you prefer.
May I leave marks, I like to bite
not in a vampire-ish manner
more of a pinch and playful way.

Should we sleep next to one another
after such a fulfilling act of selfish pleasure?
Let's see who falls asleep first, if you lose
I promise to wake you out of your slumber.
Gently, a kiss on your bottom lips
a slight poke and I'm in
Eyes open, a sigh released
we begin all over again.

SEXO RECICLADO

Dime lo que quiero oír, dime lo que temo
Describe tus fantasías sexuales
¿qué te hace morder la cabecera?
¿qué te empuja a gritar?
¿prefieres que vaya lentamente?
¿A que profundidades debo maniobrar
como un arco contra cuerdas violentas
o más rápido, como un barco fuera de control?

¿Estas establecida como el mar azul profundo?
susurra que me necesitas
corrección—grítalo fuerte
la casa esta vacía
solo los fantasmas de participantes anteriores
pueden ver los juegos sucios que jugamos.
¿Estamos de acuerdo con una palabra segura?
una en cual me informas
la cantidad de dolor que prefieres.
Puede dejar marcas, me gusta morder
no como si fuera vampiro
más en una forma de pellizcos y juegos.

¿Deberíamos dormir uno al lado del otro
después de un acto de placer tan gratificante y egoísta?
Vamos a ver quién se duerme primero, si tú pierdes
Prometo despertarte de tu sueno
Suavemente, con un beso en tus labios
un ligero empujón y estoy dentro
Ojos abiertos, un suspiro lanzado
comenzamos todo de nuevo.

LADY REBELLION

Have I ever told you that you drive me wild?
crazy and sort of insane
I can feel the madness
the wild portion of my soul pushing through my existence.

I want to be dangerous with you
take chances and ignore the rules
while laughing and playing
as we run from moments of naughtiness.

Like children that do the opposite, of what we are told
Running through rain puddles, wearing our good shoes
rolling in dirt, wearing our Sunday best
Let's break things, throw caution towards the wind
and toss pebbles at glass windows without a care.

I am dying to get in trouble with you
follow you so far down
that we are scolded by the maker of life, herself.

DAMA REBELIÓN

¿Te he contado que me vuelves loco?
al borde de la locura
puedo sentir la locura
la porción salvaje de mi alma a través de mi existencia

Quiero ser peligroso contigo
arriesgarse e ignorar las reglas
Mientras me río y juego
mientras corremos de los momentos de picardía.

Como niños que hacen lo opuesto, de lo que se les dice
Corriendo a través de charcos de lluvia, con nuestros buenos zapatos
rodando en la tierra, vestidos para misa
Rompamos cosas, lancemos precaución hacia el viento
tiraremos piedras a las ventanas de vidrio sin precaución.

Me muero por meterme en líos contigo
perseguirte tan lejos
que nos regañe la creadora misma de la vida.

IDENTICAL SOULS

To say that we were meant to find one another
would be an understatement
destiny drew up this plan several lifetimes ago.

She was recognizable upon first sight
a feeling of familiarity, once again
we found our way back to this drawn up path.

I have known her previously
in friendship, in love, in understanding and necessity
We have traveled through the cosmic skies
passed through time and history
here we are for the uncountable attempt
as we continue a lasting love affair that refuses to die.

A lasting flame that guides us during dark times
She is all of me, the big pieces and the small
a lifeline, a queen that sits on a throne directly above my heart
She is all that I require, more than what I deserve

and everything that satisfies me.
She has become my beginning
I refuse to write an ending
we will live forever, eternally.

ALMAS IDENTICAS

Decir que estábamos destinados a encontrarnos
sería una declaración inferior
hace varias vidas que el destino elaboro este plan

Ella era reconocible a primera vista
de nuevo, un sentido de familiaridad
encontramos nuestro camino de regreso a este camino trazado.

La he conocido previamente
en la amistad, el amor, en necesidad y entendimiento
hemos viajado por los cielos cósmicos
pasado por la historia y el tiempo
Aquí estamos para el intento incontable
a medida que continuamos nuestra historia de amor que se niega a morir.

Una llama duradera que nos guía durante tiempos oscuros
Ella es todo de mí, los pedazos grandes y pequeños
una línea de vida, una reina sentada en su trono directamente sobre mi corazón,
Ella es todo lo que requiero, más de lo que merezco

y todo que me satisface.
Se ha convertido en mi inicio
Me niego a escribir el final
viviremos para siempre, eternamente.

INT. ZÓCALO TAVERN – NIGHT

Colors of a costume night,
remove your mask,
and let loose that ALTER EGO
that you hide from the real world.
This is the beginning of your movie,
your name in neon lights
as you paint the background of your surroundings.
Be who you dream,
you dictate the beginning and ending,
this is the fantasy of your life.
Bring with you the character you become
when the lights go low
and the darkness beckons your soul.

INT. TABERNA ZÓCALO – NOCHE

Colores de una noche de disfraces,
quítate la máscara,
y suelta ese ALTER EGO
que escondes del mundo real.
Este es el inicio de tu película,
tu nombre en luces de neón
mientras pintas el fondo de tu entorno.
Se quien sueñas,
tú dictas el principio y el final,
esta es la fantasía de tu vida.
Trae contigo el personaje que serás
cuando las luces se apagan
y la oscuridad llama a tu alma.

DYING TO FEEL ALIVE

Jouissance, the memories
the taste and touch of her world
brought me to my knees.

Chloe was a flower, flourishing in post-war Paris
she felt alive, her heart beating on the outside of her chest
Life was being lived to the fullest
smiles that couldn't be found in the countryside
waking with the roosters was old and outdated.

she longed to thrive among the sleepless
Champagne toasts at two in the morning
glasses of glee overflowing
Existentialism and philosophy, spilling from the mouths of women
risking life, to feel the meaning of being alive
cobble roads and house parties on every side.

She was a stranger to the will of her urges no more
she sought out meaning and purpose
up and down alleyways
the city of beauty, had become her playground.

MURIENDO POR SENTIRSE VIVA

Jouissance, las memorias
el sabor y el toque de su mundo
me puso de rodillas.

Chloe era una flor, floreciente en la posguerra de París
se sentía viva, su corazón latiendo en el exterior de su pecho
la vida se vivía al máximo
sonrisas que no se encuentran en el campo
despertar con los gallos era viejo y anticuado.

Ella anhelaba prosperar entre los insomnes
brindis con champán a las dos de la mañana
vasos de alegria rebosantes
Existencialismo y filosofía, derramándose de las bocas de las mujeres
arriesgando la vida para poder sentir el significado de estar viva,
caminos empedrados y fiestas en casa por todos los lados.

No más era una extraña a la voluntad de sus impulsos
ella buscó significado y propósito
arriba y abajo de callejones
la ciudad de belleza, se convirtió en su patio de recreo.

LONER AND A GHOST

My dear friend, you're a ghost
a welcomed memory sitting in the passenger side
a ride that has yet to end, it's been quite some years
yet here we are.

a loner and a ghost
still passing through these seasoned city streets.

I see your image often
deep in facial lines, twins of a kind,
in family members you left behind
aging has left its mark on my soul and weakened my heart
but you, you possess a youthful smile
and the eyes of eighteen-years and full of hope
wide-eyed and ready to take a rebellious bite out of life.

A friend, a sunset, car rides through the ambitious night
discussing girls, sex, heartaches and headaches
Big city streets designed as a playground
for young hearts and carefree concerns
living for the moment, the minutes and hours at hand.

Headphones and constant conversations
unaware if the words were directed to me
or the universe, as you negotiated ways to see another day
rolling the dice on a game of chance
equipped with a deck of unanswered questions
constantly reminded of what was so perfectly pointed out at birth.

Play by play, one mysterious morning and unanswered calls
Seeking and searching, door-to-door, nothing left to explore
Hospital hallways painted an ominous picture of reality,
a dark tragedy
Having to admit that tomorrow may never come
that there will never be another rise of the sun.
while years have passed, and times have changed
one thing remains, deep inside my mind, that long-lasting ride.

Here we are, again
a loner and ghost.

Antonio (Toe-Knee) Valle: 06/14/1984-06/19/2002

SOLITARIO Y UN FANTASMA

Mi querido amigo, eres un fantasma
una bienvenida memoria sentado al lado del pasajero
un paseo que aun no termina, han sido unos cuantos años
pero aqui estamos.

solitario y un fantasma
todavía pasando por estas calles establecidas de la ciudad

Veo tu imagen a menudo
con profundidad en las líneas faciales, gemelos de un tipo,
en familiares que dejaste atrás
envejecer a dejado su marca en mi alma y ha hecho débil mi corazón
pero tu, tu posees una sonrisa juvenil
y los ojos de un joven de dieciocho y lleno de esperanza
con los ojos abiertos y listos para darle un mordisco rebelde a la vida.

Un amigo, una puesta del sol, paseos en carros por una noche ambiciosa
pláticas sobre muchachas, sexo, angustias y dolores de cabeza
calles de la gran ciudad diseñadas como un parque de recreo
para corazones jóvenes y sin preocupaciones
viviendo para el momento, los minutos y horas a mano.

Auriculares y conversaciones constantes
sin saber si las palabras estaban dirigidas a mi
o si el universo, mientras negociaba formas de ver otro dia
tirando dados en un juego de azar
equipado con un mazo de preguntas sin respuesta
constantemente recordandome de lo que se señalo tan perfectamente al nacer.

Un comentario corriente, una mañana misteriosa y llamadas sin contestar
Buscando, puerta a puerta, no queda nada por explorar
Los pasillos de los hospitales pintaban una imagen ominosa de la realidad,
una tragedia oscura
Teniendo que admitir que mañana puede que nunca llegue
que nunca habrá otra salida del sol.

Mientras pasaron los años y los tiempos cambiaron
algo permanece, en lo profundo de mi mente, ese paseo duradero.

Aqui estamos, de nuevo
un solitario y un fantasma.

Antonio (Toe-Knee) Valle: 06/14/1984-06/19/2002

POEM FOR A POLITICIAN

My dear Alexandria Ocasio-Cortez
since we are engaged
in this political game of exchanging hearts and hugs
I will ever so affectingly refer to you
as the lovely A.O.C.

You have captured my wandering attention
my soul and undying affection
for your picture-perfect political views
Your words, your passion
I willingly hand over my admiration.

I am ever so tempted to uproot my life
and plant my existence deep within the walls
of your 14th district utopian community
just so I could ever so passionately
pencil in your name on my ballot.

POEMA PARA UNA POLÍTICA

Mi querida Alexandria Ocasio-Cortez
ya que estamos comprometidos
en este juego político del intercambio de abrazos y corazones
siempre me referiré a ti
como la encantadora A.O.C.

Tu has capturado mi atención errante
mi alma y afecto eterno
por tus puntos de vista políticos y perfectos
Tus palabras, tu pasión
Voluntariamente te entrego mi admiración

Estoy tan tentado de desarraigar mi vida
y establecer mi existencia en lo profundo de las paredes
de tu comunidad utópica del distrito 14
solo para poder tan apasionadamente
escribir tu nombre en mi papeleta.